한 권으로 끝내는

1학년
입학 전
책가방

한 권으로 끝내는
1학년 입학 전 책가방

초판1쇄 발행 | 2022년 11월 21일

글 | 김민선
그림 | 공덕희
펴낸이 | 도승철
펴낸곳 | 밝은미래
등록 | 2005년 5월 2일 (제105-14-87935호)
주소 | 경기도 파주시 회동길 349, 3층
전화 | 031-955-9550
팩스 | 031-955-9555
밝은미래 홈페이지 | http://www.bmirae.com
편집 | 송재우, 고지숙   디자인 | 문고은, 윤수경
마케팅 | 김경훈   경영지원 | 강정희   홍보 | 박민주

편집 진행 | 노지선   표지와 본문 디자인 | 조세준
ⓒ 김민선 · 밝은미래, 2022

ISBN 978-89-6546-537-9 63370

※ 공통안전기준 표시사항
① 품명: 도서 ② 제조자명: 밝은미래 ③ 주소: 경기도 파주시 회동길 349
④ 연락처: 031-955-9550 ⑤ 최초 제조년월: 2022년 11월 ⑥ 제조국: 대한민국 ⑦ 사용연령: 6세 이상

한 권으로 끝내는

1학년
입학 전
책가방

김민선 글 | 공덕희 그림

밝은미래

내 아이의 자신감 있는 학교생활을 위하여

한글은 뗐지만 책을 읽고 나서 이해를 못 하는 아이를 가르친 경험이 있습니다. 초등학교 입학을 앞둔 그 아이는 자신감이 넘치고 의욕적이지만, 책 읽는 일에는 도통 관심이 없고 소극적이었습니다. 과제를 내 주면 금방 싫증을 내고, 수업 시간에도 가만히 앉아 있지 않고 여기저기 돌아다니며 집중하지 못했습니다.

이 아이의 문제는 무엇이었을까요? 상대방의 말을 이해하고 스스로 사고하는 능력이 부족해, 한 가지 일에 집중하지 못하고 금방 싫증을 냈던 것입니다.

한글은 모국어이니까 읽고 쓸 수 있으면 문제가 없다고 생각하기 쉽습니다. 하지만 모국어 능력이 부족하면 다른 교과의 학습 효과를 기대하기 어렵습니다. 분석력, 이해력, 창의력, 논리력 등 다양한 사고력을 갖추고 풍부한 문장력과 어휘력을 통해 표현력을 기르지 않는다면, 국어는 물론 다른 교과의 이해와 문제 해결 능력도 떨어지게 됩니다. 또한 학습 의욕마저 저하되고 소극적인 아이로 변해 학교에 잘 적응하지 못하게 됩니다.

자녀의 원만한 학교생활을 도와주고 자녀의 잠재력과 가능성을 키워 주기 위해서는 다양한 방법들이 필요합니다. 그 방법이 무엇일까요?

이 책의 특징

　이 책은 예비 1학년 어린이들이 유치원 환경과 달라지는 초등학교의 적응기를 단축하고, 원활한 학교생활과 학습에 대한 흥미와 동기를 유발할 수 있도록 구성하였습니다. 또한 초등 1학년 교과 과정에서 필요한 것을 미리 배우고 혼자 스스로 할 수 있도록 유도합니다.

　1학년 교과서 내용을 미리 살펴봄으로써, 교과 학습에 대한 호기심을 갖도록 도와줍니다. 학교에서 배울 내용에 대한 불안과 긴장을 풀어 주고, 재미있고 신나게 공부하다 보면 초등학교 1학년 교과 과정을 보다 쉽게 이해하고, 자기 것으로 만들 수 있습니다.

　그리고 부모님의 도움 없이 스스로 학습하는 것에 주안점을 두었기 때문에, 어린이들은 스스로 하는 습관과 자립심을 키울 수 있습니다. 부모님들은 어린이가 문제 해결에 어려움을 겪을 때 어떻게 하면 좋은지 약간의 방법만 제시하는 도우미 역할을 해 주십시오.

　'기계적인 정답'을 주입하기보다는 창의적인 표현을 할 수 있도록 격려하고 칭찬해 주는 것이 좋습니다. 관심과 애정을 갖고 지켜봐 주면 어느 순간 크게 성장한 자녀를 만날 수 있을 것입니다.

이 책의 구성

1 어린이 스스로 하는 워크북입니다.

초등 1학년 교과 과목의 내용을 다양한 놀이를 통해서 배워 가는 워크북 형식으로 구성하였기 때문에 어린이 혼자서 스스로 공부할 수 있습니다.

2 1학년 초등 교과목 내용을 반영했습니다.

초등 1학년 교과 내용에서 필요한 언어, 창의, 사고력, 수학 부분으로 구성하고, 단원 마지막에 이해 부분을 두어 초등 1학년 교과 학습의 배경이 되도록 하였습니다.

3 단계별 학습 내용으로 구성했습니다.

아이들 스스로 창의적인 생각으로 학습 내용을 익히고 차근차근 더 높은 단계로 올라가는 형식으로, 학습 동기를 불러일으키고 성취감을 느끼도록 하였습니다.

4 자기 주도 학습으로 1학년 입학 준비를 완벽하게 할 수 있습니다.

책 내용을 어린이 혼자 이해하고 활동할 수 있습니다. 스스로 공부하는 습관을 익혀 1학년 입학을 자연스럽게 준비할 수 있도록 하였습니다.

차례

 # 예절을 지켜요

유치원과 달라진 초등학교 환경에 적응하기 위해
필요한 생활 태도와 예절을 공부해요.

단원별 학습 목표 바른 예절을 몸에 익혀 올바른 학교생활을 하게 하는 인성 프로그램

초등학교 환경에 적응하기 위해 필요한 생활 태도와 예절을 공부합니다. 나를 소개하는 법, 친구들과 사이좋게 지내는 법, 바르게 인사하는 법 등을 배워 인성이 바른 어린이로 자라게 합니다.

나를 소개해요

 나를 소개하는 방법을 알아보세요.

희원이가 친구들에게 자기를 어떻게 소개하는지 알아보세요.

내 이름은 김희원이야.

좋아하는 것은 자전거 타기야.

잘하는 것은 그림 그리기야.

어른이 되어서 하고 싶은 일은

의사 선생님이야.

불쌍한 사람들을 도와주고

치료해 주고 싶어.

내 얼굴이야!

 위의 희원이처럼 친구들에게 나를 소개해 보세요.

✎ 내 이름 :

✎ 좋아하는 것 :

✎ 잘하는 것 :

✎ 어른이 되어서 하고 싶은 일 :

내 얼굴이야!

친구가 자신을 소개하는 명함을 만들었어요. 어떻게 만들었는지 알아보세요.

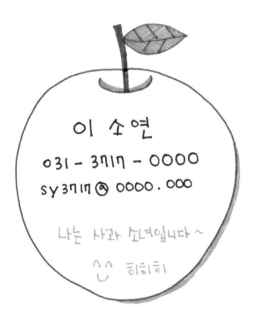

 나만의 개성이 담긴 명함을 만들어 보세요.

가족과 함께 찍은 사진으로 가족 소개를 했어요. 어떻게 했는지 살펴보세요.

 우리 가족은 엄마, 아빠, 누나, 나 모두 4명입니다. 아빠는 회사에 다니시고 야구를 좋아하십니다. 엄마는 요리를 잘하시고 영화 보는 것을 좋아하십니다. 누나는 컴퓨터를 잘하고 나와 자전거 타는 것을 좋아합니다. 이 사진은 우리 가족이 지난 여름에 경주에 놀러 갔을 때 찍은 것입니다.

 가족이 함께 찍은 사진으로 우리 가족을 소개해 보세요.

가족 사진
붙이는 곳

🖊 우리 가족은

🖊 아빠는

🖊 엄마는

🖊 이 사진은

도움말

- 가족이나 자신에 대해 잘 알고 있어야 소개를 잘할 수 있어요.
- 소개를 할 때는 자기만의 독특한 버릇, 친구, 가족에 대해 알려 줘요.
- 남들 앞에서 나를 소개하면 발표력과 자신감이 생겨요.

2 학교에서 지켜야 할 예절이 있어요

📖 학습 목표 학교에서 지켜야 할 예절과 친구와 사이좋게 지내는 방법을 알 수 있다.

 학교생활에 필요한 예절에 대해 알아보세요.

친구와 사이좋게 지내는 방법에 대해 말하고 있어요. 옳지 않은 방법에 우는 모양(☹) 붙임 딱지를 붙여 주세요.

친구를 욕하고 흉을 봐요.

친구의 좋은 점을 칭찬해요.

친구에게 고운 말을 써요.

같이 놀지 않아요.

친구가 힘들면 도와줘요.

'바보'라고 놀려요.

친구와 사이좋게 지내는 방법을 생각해 보고 글로 써 보세요.

남에게 피해를 주는 행동을 하는 친구에게 우는 모양(☹) 붙임 딱지를 붙여 주세요.

칭찬해 주고 싶은 행동을 하는 친구에게 웃는 모양(☺) 붙임 딱지를 붙여 주세요.

 도움말

학교는 여러 사람이 함께 생활하는 공간이에요. 학교에 있는 물건은 아껴 쓰고,

차례를 지켜 생활하고, 친구 사이에는 서로 양보하고 배려하는 습관을 가져야 해요.

상황에 따라 바르게 인사해요

 바르게 인사하는 방법에 대해 알아보세요.

상장을 받은 친구에게 뭐라고 말해야 할까요?

아이, 속상해. 내가 받고 싶었는데……

이건 아닌데……

정말 멋진 그림이었어.

고마워!

🔍 친구가 상을 받으면 진심으로 축하해 주세요!

밝은 표정과 공손한 자세로 인사하는 것이 중요해요.

22

아래 그림을 보고 잘 어울리는 인사말을 찾아 선으로 연결해 보세요.

1

⑦ 잘 먹겠습니다.

2

ⓛ 친구야, 안녕.

ⓒ 아빠, 안녕히 주무세요.

3

ⓔ 아주머니, 고맙습니다.

4

ⓜ 아저씨, 안녕하세요?

길을 잃은 애벌레가 울고 있어요. 올바른 인사말을 따라가야 집을 찾을 수 있어요. 길 잃은 애벌레의 집을 찾아 주세요.

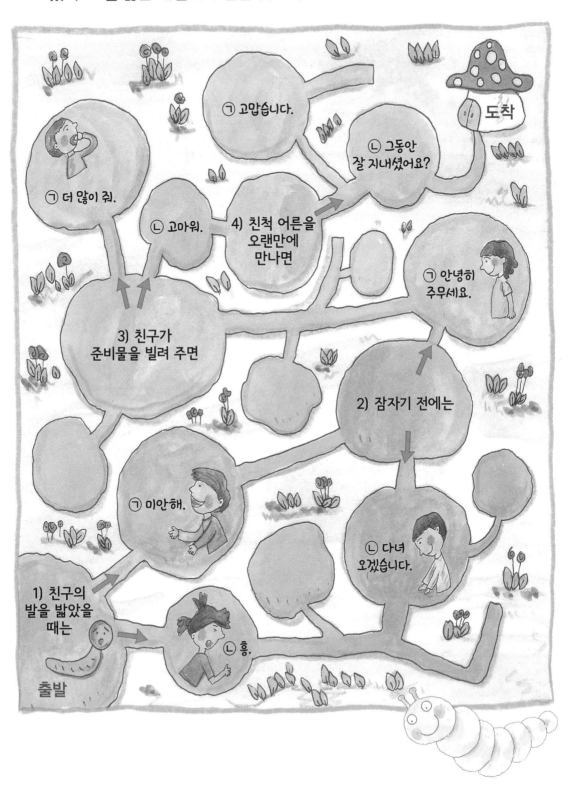

오늘 하루 나는 알맞은 인사말을 했는지 확인해 볼까요? 아래 문장을 잘 읽어 보고 해당하는 곳에 웃는 얼굴(☺) 붙임 딱지를 붙여 보세요.

인사말	잘했음	보통	안 했음
❶ 만나는 사람에게 반갑게 인사말을 했어요.	◯	◯	◯
❷ 상대방에게 알맞은 인사말을 했어요.	◯	◯	◯
❸ 상황에 알맞은 인사말을 했어요.	◯	◯	◯
❹ 바른 자세로 인사했어요.	◯	◯	◯
❺ 공손한 마음가짐으로 인사말을 했어요.	◯	◯	◯

인사를 잘하면 다른 사람에게 좋은 인상을 줄 수 있어요!

도움말

오늘 만나서 인사한 적이 있는 어른을 다시 만났을 때도 인사해야 해요.
오전에 인사했다고 오후에 만났을 때 인사를 하지 않으면 예의에 어긋나는 행동이에요.

2 그림으로 상상력을 높여요

나무, 꽃, 동물 등의 그리기 활동을 통해 사물에 대한 관심과
상상력을 높이고 자신의 생각과 느낌을 다양하게
표현하는 방법을 배워요.

단원별 학습목표 다양한 그림 활동을 통해 상상력을 향상시키는 표현 프로그램

그림 활동은 다양한 표현으로 상상력을 향상시킬 뿐만 아니라 자신의 생각과 느낌을 표현하는 데 도움을 줍니다.

따라 그릴 수 있어요

📖 학습 목표 여러 가지 모양을 구별하고, 모양을 이용하여 그림을 그릴 수 있다.

 여러 가지 모양을 따라 그려 보세요.

강아지와 고양이가 그린 모양은 어떤 모양인가요?

동그라미와 네모 모양이에요.

더 그려야지.

잘 그렸죠?

🔍 여러분도 화살표 방향으로 똑같이 따라 그려 보세요.

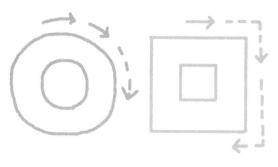

동그라미와 네모 모양의 물건에는 무엇이 있을까요? 모양을 찾아 따라
그려 보고 이름을 써 보세요.

모양 : 동그라미　　이름 : 자전거　　모양 :　　　　이름 :

모양 :　　　　이름 :　　모양 :　　　　이름 :

모양 :　　　　이름 :　　모양 :　　　　이름 :

모양 :　　　　이름 :　　모양 :　　　　이름 :

등에 점이 여섯 개씩 있는 무당벌레들이 모였어요. 그런데 어쩐 일인지
점이 지워진 무당벌레가 있네요. 등에 점이 모두 여섯 개가 되도록
점을 그려 넣어 보세요.

보기처럼 연필을 떼지 않고 한 번에 도형을 그려 보세요.
단, 한 번 지나간 자리를 다시 지나가면 안 돼요.

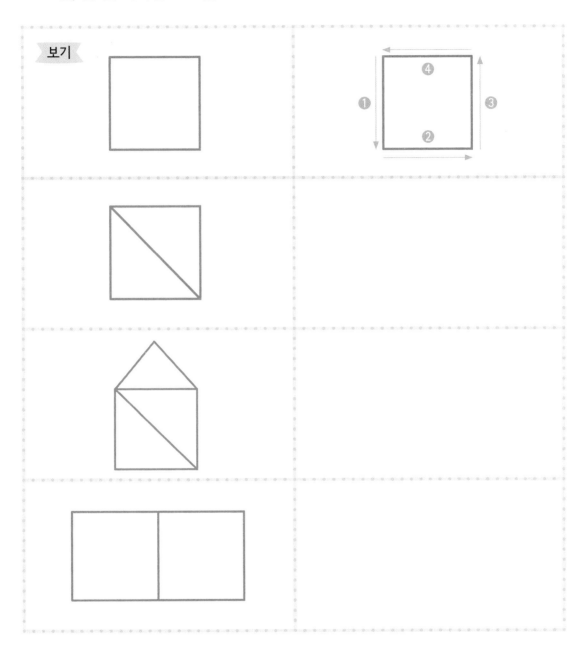

모양을 찾아내고 그릴 수 있어요

 학습 목표 그림이나 사물 속에 숨은 모양을 찾아내고 그릴 수 있다.

 그림에서 같은 사물을 찾아보세요.

일곱 개씩 있는 것을 찾아봐요.

난쟁이는 일곱 명이에요. 또 무엇이 일곱 개 있을까요?

사과가 일곱 개 있어요.

통나무도 일곱 개야.

또 뭐가 있을까?

모두 찾아 동그라미로 표시해 보세요.

아래 점판 그림에 다섯 개의 물건이 숨어 있어요. 무엇인지 잘 알아볼 수 있도록 연필로 점을 이어 그려 보고 네모 칸에 이름을 써 보세요.

숟가락	포크			

아래 그림에 숨어 있는 다섯 마리의 거위와 한 마리의 나비를 찾아 예쁘게
색칠해 보세요.

34

그림의 방향을 바꿔 그리는 놀이를 해 볼까요? ①번은 왼쪽으로 돌려서 그리고, ②번은 아래쪽으로 뒤집어 그려요. 잘 살펴보며 따라 그려 보세요.

 도움말

평소 주의가 산만하거나 남보다 집중력이 떨어진다고 해서 머리가 나쁜 건 아니에요.

주어진 시간 동안 어떤 문제를 스스로 생각하는 습관을 들이면, 저절로 집중력과 관찰력이

키워져요. 주변 사물을 관찰하고 따라 그려 보는 것부터 시작하세요.

여러 모양을 이용해서 그릴 수 있어요

학습 목표 여러 가지 모양을 이용해서 사물을 다양하게 표현할 수 있다.

 여러 모양을 이용해서 주변에 있는 물건을 그려 보세요.

여러 가지 모양을 이용하여
내가 알고 있는 사물을 그려 보세요.

동그라미 모양을 이용하여 그릴 수 있는 것은 무엇일까요? 원을 이용해
사물을 그리고 이름을 써 보세요.

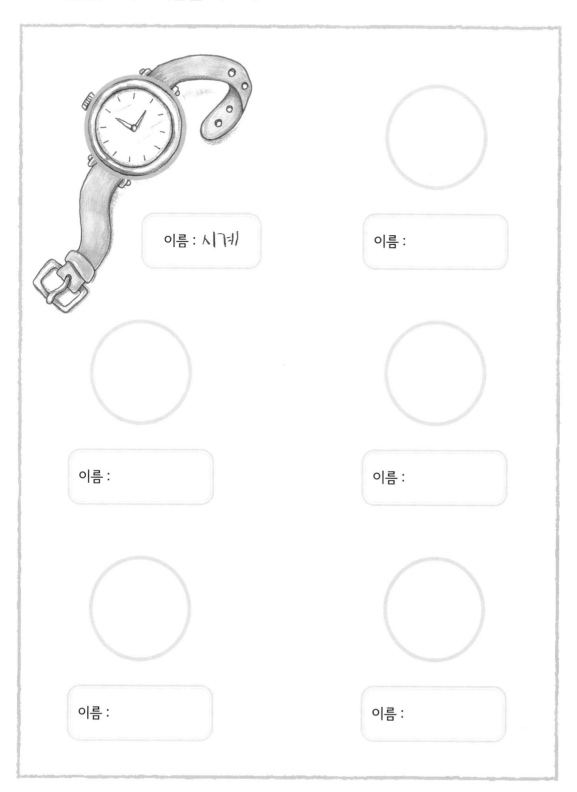

이름 : 시계

이름 :

이름 :

이름 :

이름 :

이름 :

네모 모양과 세모 모양을 이용해서 그릴 수 있는 것은 무엇이 있을까요?
네모와 세모 모양의 사물을 그리고 이름을 써 주세요.

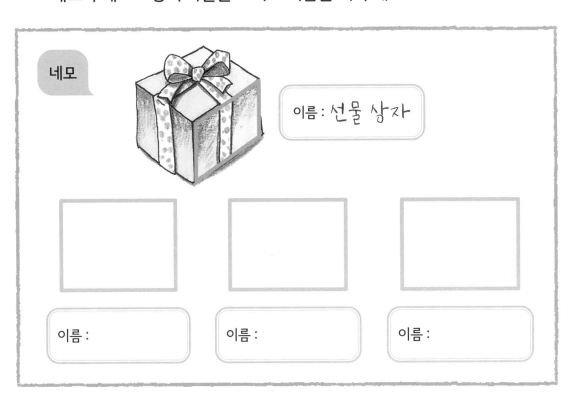

네모

이름 : 선물 상자

이름 :

이름 :

이름 :

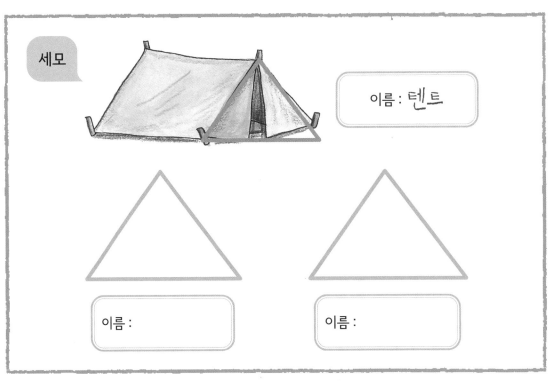

세모

이름 : 텐트

이름 :

이름 :

동그라미 모양과 세모 모양을 이용해서 그릴 수 있는 것은 무엇이 있을까요? 동그라미와 세모 모양의 사물을 그리고 이름을 써 주세요.

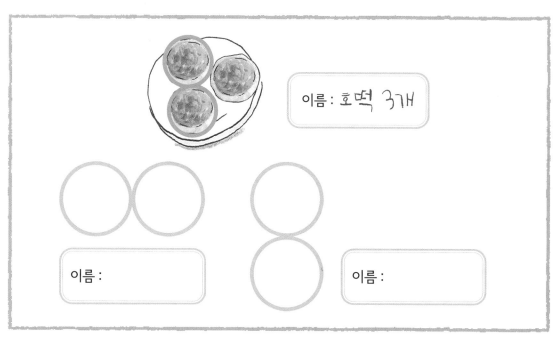

이름 : 호떡 3개

이름 :

이름 :

이름 : 소나무

이름 :

이름 :

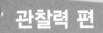

3 집중력을 높여요

집중이란 자신의 몸과 마음의 눈을 어느 한곳에 모으는 것을 말해요.
산만한 주의력을 끌어 모아 한곳에 집중하는 훈련을 하면 공부가 쉬워져요.

단원별 학습목표 주변 사물을 자세히 관찰함으로써 집중력을 향상시키는 관찰력 프로그램
비교하기, 특징을 찾고 기준 정하기, 다른 점 찾기 등은 산만한 주의력을 끌어 모으고 한곳에 집중할 수
있도록 도와줍니다. 주변에 대한 관심과 쉽게 포기하지 않는 습관은 인내력과 지구력을 키워 줍니다.

자세히 살펴보고 찾아보아요

학습 목표 주변의 사물을 자세히 살펴보고 특징을 말할 수 있다.

 주변의 사물을 자세히 살펴보고 나머지 반쪽을 찾아보세요.

꽃밭에 모두 몇 가지 종류의 꽃이 피어 있나요? 같은 모양의 꽃을 찾아
같은 색으로 색칠해 보세요.

가지

아래 그림에는 여러 동물이 숨어 있어요.
동물 중 숲속에서 사는 동물을 찾아 웃는 모양(☺) 붙임 딱지를 붙이고,
숲속에서 살지 않는 동물은 우는 모양(☹) 붙임 딱지를 붙이세요.

아래 각 그림에서 왼쪽에 있는 그림과 똑같은 모양의 그림을 오른쪽에서
찾아 동그라미하세요.

사물의 특징과 기준을 알아요

 사물을 설명하려면 어떻게 해야 하는지 알아보세요.

사물을 설명하려면 모양이나 촉감과 같은 특징을 찾아야 해요.

비행기의 특징을 설명한 것이 아닌 것에 우는 모양(☹) 붙임 딱지를 붙여 주세요.

탈 것이다.

크다.

먹을 수 있다.

알을 낳는다.

하늘을 난다.

날개를 가지고 있다.

집에서 기른다.

 알아본 것을 바탕으로 비행기의 특징을 써 보세요.

비행기는 탈 수 있고

47

다음은 민주가 쓴 글이에요. 그런데 문장 중에 잘못 들어간 동물이 있네요.
글 내용에 맞는 동물을 찾아서 모두 동그라미해 주세요.

공원 호수에는 , , 가 헤엄치고 있어요.

나무 위에는 , 가 거꾸로 매달려 있어요.

풀밭에는 , , 가 풀을 뜯고 있어요.

 그림에서 잘못된 부분을 찾아 우는 모양(☹) 붙임 딱지를 붙여 주세요.

48

옛이야기 〈구렁이 신랑〉의 한 장면이에요. 옛날 결혼식 장면에 어울리지
않는 물건을 찾아 우는 모양(☹) 붙임 딱지를 붙여 주세요.

도움말

〈구렁이 신랑〉의 내용을 알아볼까요? 구렁이는 자신의 주제도 모르고 부잣집 막내딸에게 장가를 가게 해
달라고 졸랐어요. 그리고 막내딸은 주위에서 모두 말리는데도 구렁이에게 시집을 갔어요. 구렁이는 자신이
하늘나라에서 온 신선이라며 허물을 벗고 사람의 모습으로 돌아왔다는 옛이야기예요.

서로 다른 점을 찾아낼 수 있어요

 서로 다른 점을 구별하는 기준에 대해 알아보세요.

🔍 두 사람의 다른 점을 기준을 정해서
표로 비교해 볼까요?

기준 ＼ 이름	희주	정수
성별	여자	남자
키	크다	작다
얼굴 표정	웃어요	화가 났어요

50

생쥐와 거북이의 서로 다른 점을 생각해 보고 아래 빈칸을 채워 보세요.

기준 \ 이름	거북이	생쥐
사는 곳		땅
	크다	
번식 방법	알	

 생쥐와 거북이의 서로 다른 점을 써 보세요.

생쥐는 땅 위에 살고,

거북이는 물속에서 주로 살고,

벽지의 그림 무늬를 살펴보고 서로 다른 점을 찾아 아래 표의 빈칸을 채워 보세요.

기준 \ 이름	가	나
그림 무늬		배
	둥근 모양	
	노란색	파란색

아래 그림 ❶과 ❷를 잘 살펴보고 달라진 곳을 찾아 동그라미해 보세요.

💡도움말

사물의 다른 점이나 특징을 알기 위해서는 기준이 있어야 해요. 사물의 형태, 모양, 성질, 크기
등을 기준으로 정할 수 있어요. 정해진 기준으로 사물을 설명하거나 특징을 알 수 있고,
여러 가지 사물을 기준대로 분류할 수도 있어요.

4 수리로 인지력을 높여요

놀이를 통해 수학의 이론과 이치를 배워요. 자칫 지루한 수학을
놀이 문제로 풀어 가다 보면 자신감이 쑥쑥 생겨요.

단원별 학습목표 어려운 수리 문제를 해결함으로써 성취감을 갖게 하는 인지력 프로그램
문제를 풀기 위한 탐색 활동에 중점을 두고 훈련하면 주의력과 집중력이 향상되고, 문제 해결에 대한 자
신감이 생기면서 수학의 기초를 탄탄하게 다질 수 있습니다.

여러 가지 모양을 알 수 있어요

 주변에 있는 여러 가지 모양을 구별해 보세요.

모양에는 어떤 것이 있나요?

동그라미, 네모 모양.

세모 모양도 있어요.

주변에 있는 물건들을 살펴보고 물건의 모양을 말해 볼까요?

책은 네모 모양이에요.

공은 동그라미 모양.

세모 모양의 물건에는 무엇이 있나요?

삼각자가 세모 모양이에요.

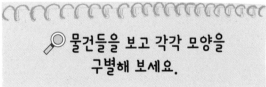

🔍 물건들을 보고 각각 모양을 구별해 보세요.

방 안 풍경이에요. 동그라미 모양, 세모 모양, 네모 모양을 찾아서 아래
칸에 써 주세요.

아래 그림에서 동그라미, 세모, 네모 모양이 각각 몇 개인지 세어 보세요.

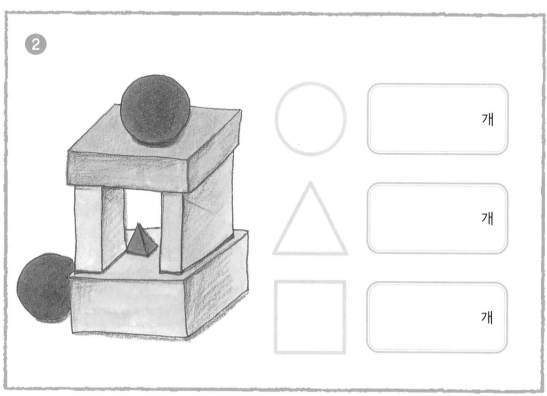

아래 점판에 왼쪽 그림과 똑같이 네모 모양과 세모 모양을 그려 보세요.

수를 셀 수 있어요

 수를 세는 방법에 대해 알아보세요.

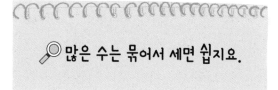

🔍 많은 수는 묶어서 세면 쉽지요.

10개씩 묶음	낱개
2	4

아래 그림에 1에서 10까지 숫자가 숨어 있어요. 1부터 차례대로 숫자를 찾아 색칠하세요.

할아버지와 함께 목욕탕에 간 정수와 민호가 신발을 제대로 넣을 수 있도록 알맞은 신발장 번호에 열쇠 모양( ) 붙임 딱지를 붙여 주세요.

숲속에서 여러 동물들이 놀고 있어요. 각각 몇 마리인지 세어 보고
그 수만큼 동물 모양 붙임 딱지를 아래 빈칸에 붙여 보세요.

원숭이	곰	코끼리	토끼	기린

 도움말

수를 셀 줄 알면 문제 풀이가 쉬워지고 일상생활이 편리해져요. 또한 수의 순서와

규칙은 수학에 대한 흥미를 갖게 해 주지요.

수의 규칙성을 알 수 있어요

 수의 가르기와 모으기에 대해 알아보세요.

칠판에 있는 숫자 카드를 모아서 10 만들기 놀이를 해 보세요.

0 10 2 □ 4 □

3 7 □ 9

숫자 2로 10을 만들려면 8이 있어야 해요.

숫자 카드 4는 6, 숫자 카드 9는 1이 있어야 해요.

수의 규칙성을 알면 수 세기가 쉽고 재미있어요.

둘이 합쳐 7 을 만드는 놀이를 하고 있어요. 아래 그림을 보고 수의 합이
7 이 되도록 줄을 연결해 보세요.

5

3

4

1

6

2

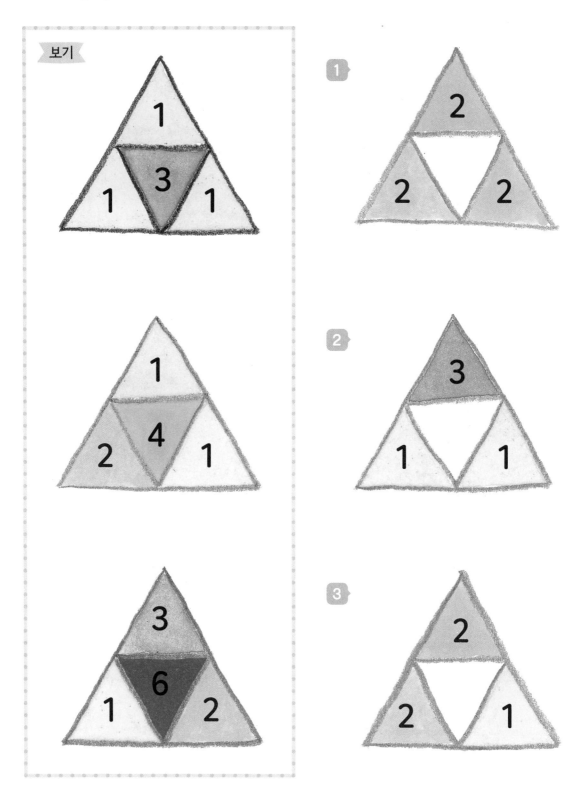

보기의 모양 판에는 어떤 규칙이 있을까요? 규칙을 찾아보고 아래 모양 판 빈 곳에 알맞은 수를 써 보세요.

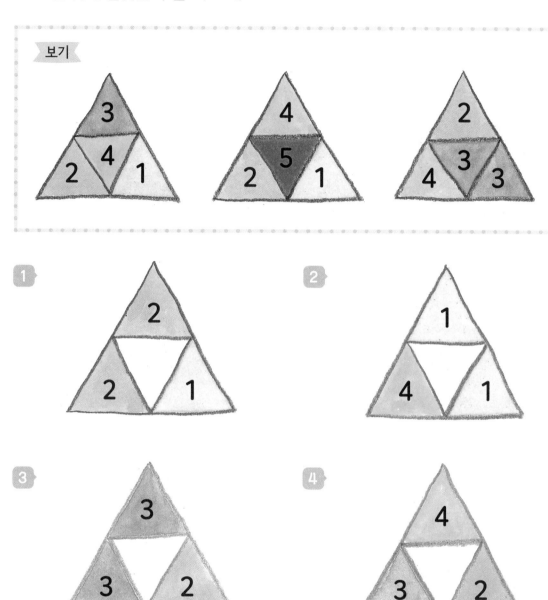

4 수와 모양의 규칙을 알 수 있어요

 규칙을 찾아 모양을 놓아 보세요.

친구들이 악기를 늘어놓았어요.
어떤 규칙으로 놓았나요?

트라이앵글 1개,
나팔 1개, 탬버린 2개씩
늘어놓았어요.

빈 곳에는 어떤 악기를
놓아야 할까요?

트라이앵글과
나팔이요.

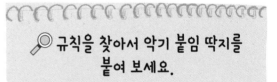

🔍 규칙을 찾아서 악기 붙임 딱지를
붙여 보세요.

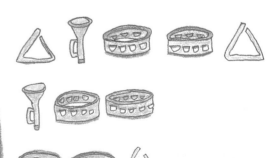

호랑이와 친구들이 기차 여행을 떠나려고 해요. 동물들이 타야 할 자리에 맞게 동물 붙임 딱지를 붙여 주세요.

아래의 각 그림에서 규칙을 찾아보고, 규칙에 맞게 붙임 딱지를 붙여 보세요.

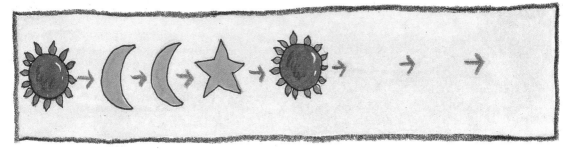

10 →　　　→ 20 → 25 → 30 →

보기의 모양 판에 있는 규칙을 알아보고, 규칙에 맞게 부서진 부분에 어떤 그림이 있었는지 그려 보세요.

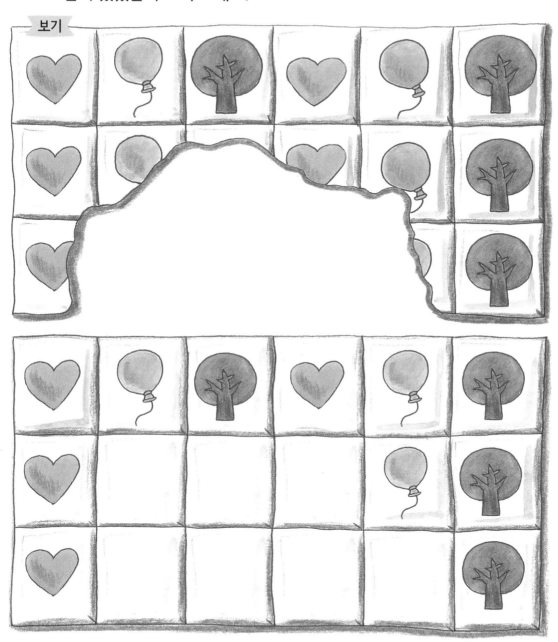

 도움말

- 규칙 찾기 놀이는 생활 속에서 할 수 있어요.
- 방 안의 벽지, 욕실 타일에서 규칙적인 배열과 순서를 발견할 수 있어요.
- 칠교 놀이, 퍼즐 놀이는 수학적인 흥미와 집중력을 높여 줘요.

5 말놀이로 어휘력을 높여요

말놀이를 하면서 낱말을 알아 가고,
말하는 즐거움을 통해 어휘력을 높여요.

메롱

사탕

단원별 학습 목표 다양한 낱말을 습득하고 문장력을 향상시키는 어휘력 프로그램
다양한 말놀이를 통해 국어 교과의 듣기, 읽기, 말하기 영역에 필요한 어휘를 배우고 상황에 맞는 정확한
어휘 구사를 유도합니다. 다양한 어휘를 생각해 표현하면 발표력이 향상됩니다.

낱말의 원리를 알아요

학습 목표 자음과 모음이 합쳐져 낱말이 만들어지는 원리를 알 수 있다.

 한글의 자음과 모음에 대해 알아보세요.

한글은 세종대왕이 만들고 '훈민정음'이라 했지요. 한글은 자음과 모음으로 이루어졌으며, 모두 모양을 본떠서 만들었어요.

여러분이 알고 있는 자음과 모음을 말해 볼까요?

자음은 ㄱ, ㄴ, ㄷ, ㄹ, ㅁ…….

모음은 ㅏ, ㅑ, ㅓ, ㅕ, ㅗ, ㅛ…….

한글의 기본 글자 수는 자음 14자, 모음 10자로, 모두 24자로 이루어져 있어요.

아래 표를 보며 정확하게 읽어 보세요.

ㄱ	ㄴ	ㄷ	ㄹ	ㅁ	ㅂ	ㅅ
기역	니은	디귿	리을	미음	비읍	시옷
ㅇ	ㅈ	ㅊ	ㅋ	ㅌ	ㅍ	ㅎ
이응	지읒	치읓	키읔	티읕	피읖	히읗

ㅏ	ㅑ	ㅓ	ㅕ	ㅗ	ㅛ	ㅜ	ㅠ	ㅡ	ㅣ
아	야	어	여	오	요	우	유	으	이

🐦 자음과 모음을 합쳐서 낱말을 만들어 보세요.

ㅂ + ㅣ = 비

ㅋ + ㅗ = 코

☐ + ☐ = ☐

🐦 받침 있는 낱말을 만들어 보세요.

ㅅ + ㅏ + ㄴ = 산

☐ + ☐ + ☐ = ☐

☐ + ☐ + ☐ = ☐

'가방', '그네'는 자음 기역(ㄱ)으로 시작해요. 이처럼 같은 자음으로
시작되는 낱말을 애벌레 그림에 써 보세요.

나무에 달려 있는 자음에 모음과 또 다른 자음 등을 합쳐 낱말을 만들어
보세요.

ㄷ ㅁ
대문

ㅈ ㅎ
전화

ㄴ ㅁ
나무

ㅎ ㄴ
하늘

 도움말

● 자음의 기본 글자는 어금닛소리, 입술소리, 잇소리, 목구멍소리를 기본으로 만들었어요.

● 모음은 하늘, 땅, 사람의 형상을 보고 만들었고요. 자음과 모음의 원리를 알면

한글을 쉽게 배울 수 있어요.

낱말의 형태를 알아요

📖 학습 목표 한 글자와 두 글자로 된 낱말을 다양하게 알 수 있다.

 한 글자, 두 글자로 된 낱말을 알아보세요.

동물원에 있는 동물 이름을 말해 보세요.

사슴, 기린, 코끼리, 호랑이.

뱀, 여우도 있어요.

한 글자로 된 동물 이름과 두 글자로 된 동물 이름을 말해 볼까요?

뱀, 쥐, 곰은 한 글자.

사슴, 여우, 토끼는 두 글자.

🔍 한 글자로 된 동물 이름을 더 찾아보세요.

소	말		

주변을 잘 둘러보고 한 글자로 된 낱말을 찾아 그림과 글로 표현해 보세요.

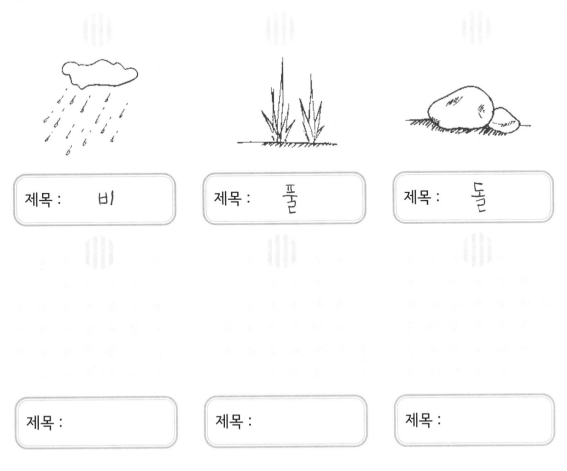

제목 : 　비

제목 : 　풀

제목 : 　돌

제목 :

제목 :

제목 :

 나의 몸을 살펴보고 눈, 손, 발처럼 한 글자로 된 낱말을 찾아 표를 완성해 보세요.

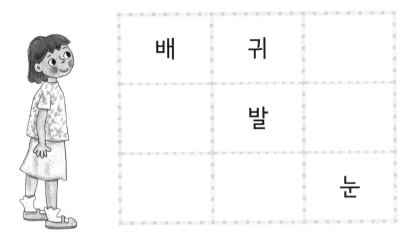

배	귀	
	발	
		눈

79

생생 가게에서 파는 채소 이름 중에 두 글자 낱말을 찾아 네모 칸에 써
보세요.

| 마늘 | | | |

아래 낱말 중 한 글자와 두 글자로 된 낱말을 찾아 바구니에 써 주세요.

돼지　　포도　　토끼　　콩

떡　　밤

복숭아

도토리　　우유　　물　　장미

우산　　쌀

별　　호랑이　　산　　악어

하마

옥수수　　참새　　사슴　　기린

원숭이

한 글자

두 글자

세 글자, 네 글자로 된 낱말을 알아요

📖 **학습 목표** 세 글자와 네 글자로 된 낱말을 다양하게 알고 사용할 수 있다.

 세 글자, 네 글자로 된 낱말을 알아보세요.

세 글자로 된 낱말을 찾아볼까요?

선, 생, 님. 이렇게 세 글자로 만들어졌어요.

동화책, 실내화, 책가방, 색연필도 세 글자야.

네 글자로 된 낱말은 음……, 세, 종, 대, 왕.

🔍 네 글자로 된 낱말을 써 보세요.

세	종	대	왕

아래 글자 판에 흩어져 있는 낱말 중에서 세 글자로 된 낱말과 네 글자로 된 낱말을 찾아 동그라미표 하고 팻말에 써 주세요.

지도 　　딱따구리　　표고버섯　　이리　　도화지

쇠똥구리　　구구단　　무당벌레　　연필　　우유

　　　　　　　　　　　　　　　　　　　　우산

민들레　　들국화　　두더지　　지우개

개미　　개구리　　할아버지　　임금님　　거울

사과　　징검다리　　바람　　너구리　　참외

세 글자 팻말 　　　　　　　　　네 글자 팻말

너구리　　　　　　　　　　무당벌레

광고지에서 세 글자로 된 낱말을 찾아 표를 완성해 보세요.

전화기		
	선풍기	
		오징어

시냇물에 네 글자로 된 낱말 그림이 숨어 있어요. 네 글자 낱말 그림을 찾아 네모 칸에 써 보세요.

 **4 말놀이로 어휘력을 높여요**

 학습 목표 같은 글자로 시작되거나 끝나는 낱말을 찾아보며 어휘력을 높인다.

 같은 글자로 시작되는 낱말을 찾아보세요.

빈칸에 가, 나로 시작하는 낱말을 써 보세요.

가	구		나	비
	수			
				물

아래 그림에서 '바'로 시작하는 낱말은 노란색, '고'로 시작하는 낱말은
초록색, '우'로 시작하는 낱말은 빨간색으로 색칠하세요.

칙칙폭폭 강아지들이 기차 여행을 가요. '지' 자로 끝나는 낱말을 찾아
구름에 써 보세요.

창호지

도화지

복주머니 안에 든 글자로 '이' 자로 끝나는 낱말과 '리' 자로 끝나는 낱말을 만들어 보세요.

색 종 이		개 나 리
이		리
이		리
이		리

복주머니 글자: 색 이 호 랑 고 개 양 리 수 향 아 나 종

6 문제 해결을 통해 창의력을 높여요

정해진 답이 따로 없는 창의적인 문제를 통해
생각하는 훈련을 하면 자신감이 생겨
어떤 문제든 해결할 수 있어요.

단원별 학습 목표 새롭게 생각하는 습관을 통해 자기 생각을 표현하는 창의력 프로그램

문제를 새롭게 해결할 방안을 생각해 보는 습관은 창의성을 높이는 데 도움이 됩니다. 아이들이 자신의
생각을 자유롭게 표현할 수 있도록 유도합니다.

남과 다르게 생각할 수 있어요

📖 학습 목표 | 남과 다른 생각을 그림으로 그릴 수 있다.

 같은 그림을 다양하게 생각해 볼까요?

아래 그림을 이용해서 그림을 그리고, 무엇을 그렸는지 제목을 붙여 보세요.

제목 : 내 얼굴

제목 :

제목 :

제목 :

주어진 선을 이용해서 재미있는 그림을 완성하세요. 그리고 무엇을 그렸는지 제목을 써 보세요.

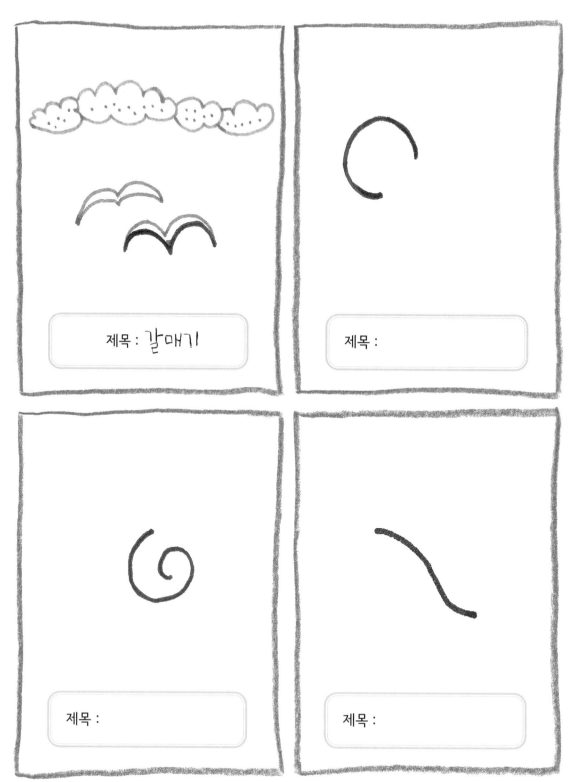

제목 : 갈매기

제목 :

제목 :

제목 :

세 개의 선을 이용해서 마음대로 그림을 그려 보세요. 그리고 무엇을
그렸는지 알맞은 제목을 붙여 보세요.

제목 : 우리 집

제목 :

제목 :

제목 :

💡 도움말

평소 일상생활에서 주변의 사물, 엄마가 자주 쓰는 부엌 용품, 내 책상 위의 물건,

목욕 용품 등을 잘 살펴보면서 모양을 짐작하는 훈련을 해 보세요.

2 '왜'라고 질문할 수 있어요

 당연하다고 여겨지는 일에 호기심을 가지고 묻고 대답해 보세요.

코끼리는 코가 길고, 토끼는 귀가 길어요. 동물들의 모습을 보고 '왜 그럴까?'라고 질문해 보세요.

낙타는 왜 등에 혹이 있을까요?

기린은 목이 길어요. 목이 왜 저렇게 길까요?

당연하다고 여겨지는 것에 의문을 가지면 세상이 새롭게 보여요.

아하, 그렇구나!

동물들의 모습을 보고 '왜'라고 묻고 있어요. 상상해서 어울리는 답을 써
보세요.

	기린의 목은 왜 길까요?	하늘에 있는 천사를 보려고
	낙타의 등에는 왜 혹이 있을까?	
	개미의 허리는 왜 잘록할까?	
	코끼리의 코는 왜 길까?	
	파리는 왜 날개를 비벼 댈까?	

아래 그림에 맞는 질문을 써 보고 어울리는 대답을 써 보세요.

✎ 하늘은 왜 파란색일까?

❶ 빨간색이면 무서우니까

❷

✎ 하늘은 왜 (   )까?

❶

❷

✎ 바다는 왜 짤까?

❶ 달면 아이들이 다 먹어 버릴 테니까

❷

✎ 바다는 왜 (   )까?

❶

❷

수정이와 현우에게 무슨 일이 있었을까요? 여러 가지 이유를 생각해서 써 보세요.

❶ _____

_____

❷ _____

_____

❸ _____

_____

❶ _____

_____

❷ _____

_____

❸ _____

_____

당연하다고 여겨지는 일에 의문을 가져 보는 훈련을 하면 창의력이 높아져요.

이런 질문에는 정답을 찾기보다는 다양한 생각을 하는 훈련이 더 중요해요.

관련지어 생각할 수 있어요

 주변에 있는 것에 관심을 가지고 관찰해 보세요.

이곳에 오면서 무엇을 보았나요?

자전거 타고 가는 아저씨와 강아지를 봤어요.

오면서 둥글고 빨간 것이 보였는데 무엇이었나요?

빨간 풍선이었어요.

그럼 둥글고 빨간 것은 또 무엇이 있을까요?

빨간 사과, 빨간 구슬이요.

해님이요.

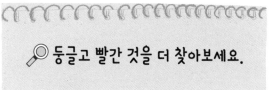

🔍 둥글고 빨간 것을 더 찾아보세요.

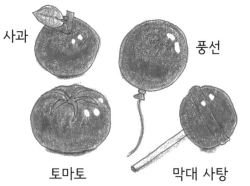

사과

풍선

토마토

막대 사탕

100

식탁 위에 있는 음식 이름 중에서 자음 '기역(ㄱ)으로 시작하는 낱말'을
찾아 아래 칸에 써 보세요.

국			

아래 물건의 특징을 생각하며, 각 기준에 맞는 물건을 찾아 표에 써 보세요.

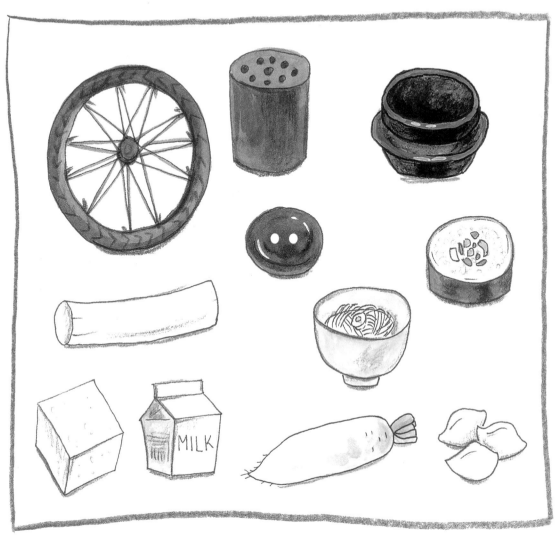

기준	종류
검고 둥근 것	뚝배기
하얗고 먹는 것	두부

아래 그림의 특징을 잘 생각해 보고, 공통점을 찾아 써 보세요.

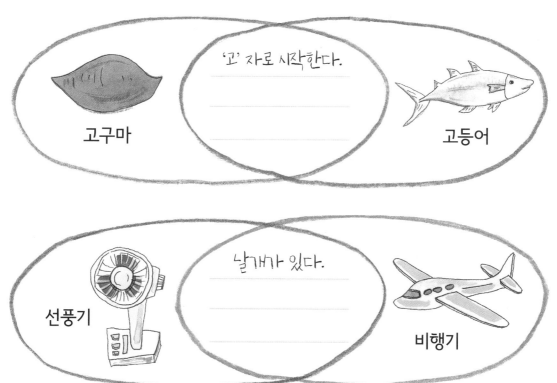

고구마   '고' 자로 시작한다.   고등어

선풍기   날개가 있다.   비행기

학습 동기 편

7 이해력과 사고력을 높여요

책을 읽고 대화를 많이 하면 이해력이 높아지고
자기 주도적 학습 태도가 길러져요.

단원별 학습 목표 글을 읽고 쓰며 이해력과 사고력을 높이는 학습 동기 프로그램

글을 읽을 때는 글쓴이의 생각과 글의 핵심 내용이 무엇인지를 파악해야 합니다. 글과 그림으로 자신의
생각을 표현해 보는 활동은 학습 동기와 자신감을 높이는 데 도움이 됩니다.

그림과 글의 연관성을 알아요

📖 **학습 목표** 글과 그림을 관련지으며 그림 동화를 읽을 수 있다.

 글과 그림이 나타내는 뜻을 생각하며 책을 읽어 보세요.

🔍 글과 그림이 나타내는 뜻을 생각하며 책을 읽어야 내용을 정확하게 이해할 수 있습니다.

사자와 소년이 어떤 말을 주고받았을지 상상해서 써 보세요.

 위 그림의 뒷이야기를 상상해서 써 보세요.

그림을 보고 아래 물음에 답해 보세요.

❶ 누가, 누가 나오나요?

_____ , _____ , _____ 가 나와요.

❷ 오누이는 어떻게 도망갔나요?

오누이는 _____ 도망쳤어요.

❸ 호랑이는 어떻게 되었나요?

호랑이는 _____ 떨어졌어요.

그림을 보고 게와 여우에게 어떤 일이 있었는지 상상해서 빈 말풍선을 채우고, 알맞은 제목을 써 보세요.

✎ 말풍선 :

✎ 제목 :

- 책을 읽고 나면 읽은 내용을 친구나 엄마에게 이야기해 주세요.
- 자신이 읽은 내용을 말하거나 쓸 수 있어야 정확히 읽었다고 할 수 있어요.

이야기의 중요한 내용을 알아보아요

 글을 읽고 중요한 내용을 묻고 대답해 보세요.

110

누가 무엇을 하였는지 생각하며 아래 이야기를 읽어 보세요. 또 글쓴이의 생각은 무엇인지 함께 알아보아요.

개미와 베짱이

더운 여름에도 개미들은 부지런히 먹이를 집으로 옮기고 있었습니다.

베짱이는 나무 그늘에 누워서 열심히 일하는 개미들을 비웃었습니다.

"베짱이 님도 추운 겨울이 오기 전에 미리 먹을 것을 좀 모아 두도록 하세요."

"먹을 것이 이렇게 많은데? 참견 마."

개미들은 추운 겨울이 오기 전에 먹을 것을 미리 모아 두려고 열심히 일을 했습니다. 그러나 베짱이는 맛있는 풀을 뜯어 먹으며 매일 빈둥빈둥 놀기만 했습니다.

이윽고 추운 겨울이 왔습니다.

"개미 님! 좀 도와주십시오."

"저런! 추운데 어서 들어오세요."

개미들은 베짱이에게 맛있는 음식을 주었습니다.

베짱이는 후회의 눈물을 뚝뚝 흘렸습니다.

누가	무엇을 하였나요?
개미	
베짱이	
글쓴이의 생각은 무엇인가요?	

그림과 어울리는 질문에 줄을 긋고, 아래 물음에 답해 보세요.

㉠ 물속에서 무엇을 보았나요?

㉡ 누가 뼈다귀를 물고 가나요?

㉢ '멍!' 하고 짖었기 때문에 어떻게 되었나요?

❶ 누구에게 어떤 일이 일어났나요? 빈칸에 써 보세요.

✎ 누구에게 : _____

✎ 일어난 일 : _____

❷ 위의 내용을 바탕으로 이야기를 정리해서 써 보세요.

✎ 개가 뼈다귀를 물고 신나게 집으로 가고 있었습니다.

✎ _____

✎ _____

그림을 보고 어떤 일이 일어날지 상상해서 이야기를 꾸며 보세요.

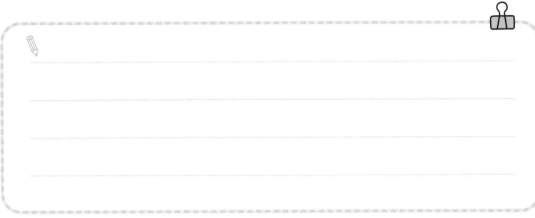

도움말

글을 읽을 때는 글쓴이의 생각을 짐작해 보고 다음 내용을 추측하며 읽으면
더욱 흥미롭고 즐거워요.

3 내용을 이해하고 설명해 보아요

 알고 있는 내용을 설명하려면 어떻게 해야 하는지 알아보세요.

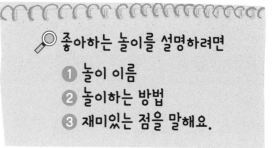

🔍 좋아하는 놀이를 설명하려면

❶ 놀이 이름
❷ 놀이하는 방법
❸ 재미있는 점을 말해요.

114

친구들과 함께할 수 있는 놀이를 아는 대로 모두 써 보세요.

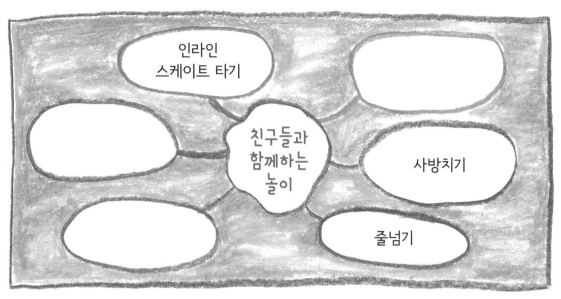

 위의 놀이 중에서 내가 좋아하는 놀이를 한 가지만 골라 설명해 보세요.

놀이 이름	
놀이 방법	
놀이 장소	
재미있는 점	

도영이가 민혁이에게 초대장을 어떻게 썼나 살펴볼까요?

초대하는 글

민혁이에게 ──────── 받는 사람

내 생일에 너를 초대할게.
꼭 와서 함께 즐겁게 놀자. ──── 하고 싶은 말

때 : 8월 10일 오후 2시
곳 : 우리 집 ──────── 장소, 시간

8월 5일 도영 씀 ──────── 보내는 사람

 친구에게 보낼 초대장을 써 보세요.

초대하는 글

_____ 에게

_____

때 :   월   일   오후   시
곳 :

월   일
(이)가 씀

나와 친한 친구들을 떠올려 보고 친구의 좋은 점을 찾아 간단히 써 보세요.

보름이는 인사를 참 잘해요.

정호는 달리기를 잘해요.

현수는 쓰레기를 잘 주워요. 그래서 선생님께 칭찬도 받았어요.

○○는(은)

○○는(은)

○○는(은)

친구의 좋은 점을 생각하며 친구에게 줄 상장을 써 보세요.

상

이름 :

위 어린이는 평소   잘합니다.

그래서 이 상을 주어 칭찬합니다.

월   일

주는 사람

 도움말

자신의 생각을 잘 전달하려면 구체적이고 사실적인 내용을 써야 해요.

그리고 듣는 사람이 이해하기 쉽게 써야 해요.

1학년 입학 전 책가방 정답

1 예절을 지켜요

15쪽

💡 예시 답안

✏ 내 이름은 상호야.

✏ 좋아하는 것은 축구야.

✏ 잘하는 것은 달리기야.

✏ 어른이 되어서 하고 싶은 일은 손흥민과 같은 세계적인 축구 선수가 되고 싶어.

17쪽

💡 예시 답안

✏ 우리 가족은 네 명입니다.

✏ 아빠는 야구를 좋아하십니다.

✏ 엄마는 청소를 잘하시고 책 읽는 것을 좋아하십니다.

✏ 동생은 나와 블록 쌓기 놀이하는 것을 좋아합니다.

✏ 이 사진은 우리 가족이 지난여름에 계곡에 놀러 갔을 때 찍은 사진입니다.

19쪽

친구를 욕하고 흉을 봐요.

친구의 좋은 점을 칭찬해요.

친구에게 고운 말을 써요.

같이 놀지 않아요.

친구가 힘들면 도와줘요.

'바보'라고 놀려요.

💡 예시 답안

✏ 친구의 좋은 점을 칭찬하고, 친구가 힘들면 도와줍니다.
친구와 이야기할 때는 고운 말을 써요.
친구와 함께 놀아요.

20쪽

21쪽

23쪽

1)-㉠   2)-㉢   3)-㉡   4)-㉣

24쪽

1) ㉠   2) ㉠   3) ㉡   4) ㉡

2 그림으로 상상력을 높여요

29쪽

위쪽부터 네모, 액자 / 동그라미, 안경 /
네모, 책 / 네모, 방석 / 동그라미, 공 /
동그라미, 단추 / 동그라미, 작은북

30쪽

예시 답안

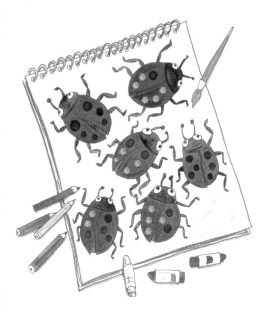

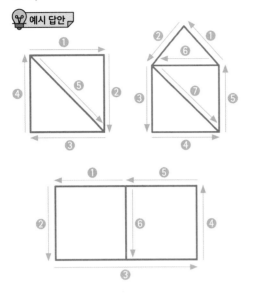

★ 이 외에도 여러 가지 방법이 있습니다.

32쪽

33쪽

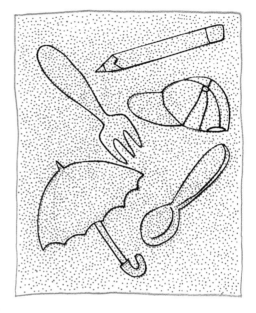

연필, 모자, 우산

34쪽

35쪽

37쪽

해바라기, 전구, 바퀴, 해님, 수박 등

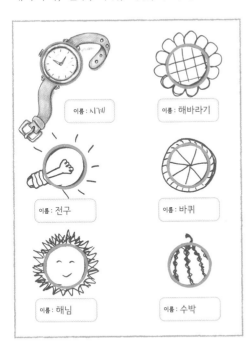

38쪽

달력, 주사위, 체중계, 옷걸이, 표지판 등.

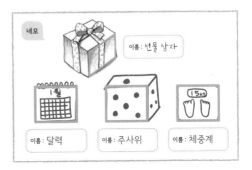

★ 다른 것을 그려도 됩니다.

39쪽

안경, 눈사람, 버섯, 집 등.

★ 다른 것을 그려도 됩니다.

3 집중력을 높여요

42쪽

1) 다   2) 가   3) 나

43쪽

4가지

44쪽

✎ 숲속에 살고 있는 동물 : 너구리, 다람쥐,
토끼, 원숭이, 여우, 새

✎ 숲속에 살고 있지 않은 동물 : 물개,
물고기, 거북이

45쪽

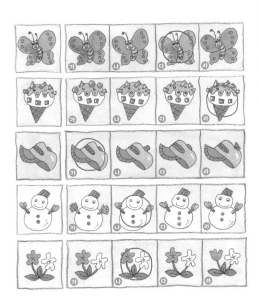

47쪽

비행기는 탈 수 있고, 크고, 날개를 가지고 있고, 하늘을 날 수 있다.

48쪽

49쪽

51쪽

기준 \ 이름	거북이	생쥐
사는 곳	바다	땅
몸의 크기	크다	작다
번식 방법	알	새끼

✎ 생쥐는 땅 위에서 살고, 몸이 작고 새끼를 낳아 번식합니다.

✎ 거북이는 물속에서 주로 살고, 몸이 크고 알을 낳아서 번식합니다.

52쪽

기준 \ 이름	가	나
그림 무늬	공	배
모양	둥근 모양	세모, 네모 모양
색깔	노란색	파란색

53쪽

ㄴ 수리로 인지력을 높여요

57쪽

● : 접시, 상, 시계, 공, 풍선, 선풍기

▲ : 자른 수박, 조각 피자, 옷걸이

■ : 가방, 달력, 전화기, 방석, 탁자, 책, 창문

58쪽

1) ○ : 1 개   △ : 1개   □ : 3개
2) ○ : 2개   △ : 1개   □ : 4개

59쪽

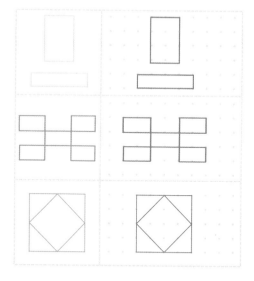

61쪽

62쪽

63쪽

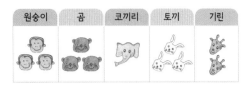

65쪽

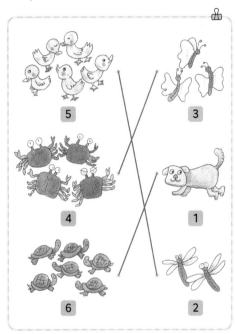

66쪽

✎ 규칙 : 가운데의 수는 밖의 세 수를 더한

것과 같다.

1+1+1=3, 1+2+1=4, 3+1+2=6

1) 6   2) 5   3) 5

67쪽

✎ 규칙 : 위쪽과 아래 왼쪽의 두 수를

합하고 아래 오른쪽의 수를 뺀 수가

가운데 수이다.

3+2−1=4, 4+2−1=5, 2+4−3=3

1) 3　2) 4　3) 4　4) 5

68쪽

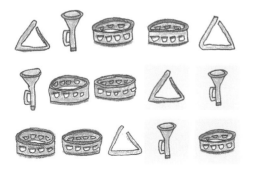

69쪽

70쪽

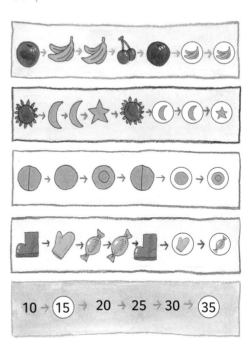

71쪽

5 말놀이로 어휘력을 높여요

75쪽

$$ ㅅ + ㅗ = 소 $$

★ 이 외에 자, 차, 무 등이 있습니다.

$$ ㄱ + ㅏ + ㅇ = 강 $$

$$ ㄱ + ㅣ + ㄹ = 길 $$

★ 이 외에 들, 양, 불, 약 등이 있습니다.

76쪽

ㄱ : 가방, 그네, 구름, 기린, 가면, 고드름 등

ㄷ : 도마뱀, 다람쥐, 도토리, 두더지, 두부, 돌 등

ㅁ : 마당, 마늘, 마부, 모자, 물, 말 등

77쪽

ㄷ, ㅁ : 대문, 동물, 도마 등

ㅈ, ㅎ : 전화, 장화, 지하 등

ㄴ, ㅁ : 나무, 눈물, 나물 등

ㅎ, ㄴ : 하늘, 하녀, 해녀 등

78쪽

소	말	뱀	학
양	벌	곰	쥐

★ 이 밖에 닭, 꿩, 개 등이 있습니다.

79쪽

💡 예시 답안

제목 : 산	제목 : 별	제목 : 달

배	귀	코
턱	발	입
등	손	눈

★ 이 밖에 볼, 뺨, 목 등이 있습니다.

80쪽

마늘, 호박, 고추, 당근

81쪽

한 글자 : 쌀, 밤, 떡, 물, 콩, 산, 별

두 글자 : 돼지, 하마, 기린, 사자, 악어,
　　　　 사슴, 참새, 우산, 포도, 토끼,
　　　　 장미, 우유

82쪽

 예시 답안

세	종	대	왕
바	람	개	비
물	레	방	아
대	한	민	국

83쪽

세 글자 : 너구리, 도화지, 민들레, 들국화,
　　　　 구구단, 지우개, 두더지, 개구리,
　　　　 임금님

네 글자 : 무당벌레, 딱따구리, 쇠똥구리,
　　　　 할아버지, 징검다리, 표고버섯

84쪽

전화기	콩나물	시금치
운동화	**선풍기**	복숭아
청소기	토마토	**오징어**

★ 이 밖에 사이다, 축구공, 바나나, 음료수, 고구마
등이 있습니다.

85쪽

연필깎이, 허수아비, 해바라기, 바람개비,
고슴도치, 징검다리, 우리나라, 미꾸라지

86쪽

예시 답안

가	구
가	방
가	수
가	지

나	비
나	무
나	방
나	물

87쪽

88쪽

낙지, 가지, 두더지, 오이지, 오선지, 휴지,
거지 등

89쪽

색종이, 호랑이, 고양이, 나이 등
개나리, 개구리, 항아리, 이리 등

6 문제 해결을 통해
   창의력을 높여요

93쪽

예시 답안

94쪽

예시 답안

95쪽

예시 답안

97쪽

🖋 기린의 목이 긴 이유 :

　하늘에 있는 천사를 보려고

🖋 낙타의 등에 혹이 있는 이유 :

　사막의 모래를 쉽게 파려고,

　음식을 넣으려고

🖋 개미의 허리가 잘록한 이유 :

　다른 개미들이 잘록한 허리를 좋아해서,

　허리띠를 매려고

🖋 코끼리의 코가 긴 이유 :

　피노키오처럼 거짓말을 많이 해서,

　코를 많이 파서

🖋 파리가 날개를 비벼 대는 이유 :

　추위를 이기려고, 잘못한 게 많아서

★ 이 밖에도 다양한 답을 생각할 수 있습니다.

98쪽

🖋 하늘은 왜 파란색일까?

　① 빨간색이면 무서우니까

　② 낮과 밤을 구별하려고

🖋 하늘은 왜 넓을까?

　① 구름이 자꾸 집을 만들어서

　② 새들이 멀리 날기 연습을 하려면 넓은

　　곳이 필요해서

🖋 바다는 왜 짤까?

　① 달면 아이들이 다 먹어 버릴 테니까

　② 육지가 그리워서 우는 고래의 눈물

　　때문에

🖋 바다는 왜 파도를 칠까?

　① 심심해서 장난치려고

② 친구에게 빨리 오라고 신호를 보내려고

★ 이 밖에도 다양한 문답을 생각할 수 있습니다.

99쪽

🖋 수정

　① 엄마가 놀이 공원에 가기로 한 약속을

　　지키지 않아서

　② 친구가 장난감을 혼자 갖고 놀아서

　③ 엄마에게 혼나서

🖋 현우

　① 기다리는 친구가 오지 않아서

　② 집 열쇠를 잃어버려서

　③ 엄마가 집에 없어서

★ 이 밖에도 다양한 이유를 생각할 수 있습니다.

101쪽

국, 김치, 김밥, 김

102쪽

기준	종류
검고 둥근 것	뚝배기, 자전거 타이어, 단추, 연탄
하얗고 먹는 것	두부, 송편, 무, 우유, 가래떡

103쪽

예시 답안

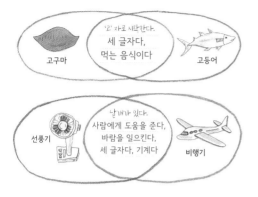

'고' 자로 시작한다.
세 글자다,
먹는 음식이다

고구마   고등어

날개가 있다.
사람에게 도움을 준다,
바람을 일으킨다,
세 글자다, 기계다

선풍기   비행기

7 이해력과 사고력을 높여요

107쪽

예시 답안

사자야, 왕관이
참 멋지다. 왕관을
쓴 것을 보니 네가
숲 속의 왕이구나.

나팔을 왕관과
바꾸면 어떨까?

✎ 〈뒷 이야기 상상해서 써 보기〉
소년은 나팔을 숲속의 왕인 사자의 왕관과
바꾸고 왕이 되었어요.
나팔을 가진 사자는 숲속에서 매일 나팔을
불고 다녔어요. 그런데 사자는 나팔을 잘
연주하지 못해 시끄럽기만 했어요.
사자는 다시 소년을 만나 나팔과 왕관을
바꾸었어요.

108쪽

✎ 호랑이, 오누이, 엄마가 나와요.

✎ 오누이는 하늘에서 내려온 밧줄을 타고
도망쳤어요.

✎ 호랑이는 썩은 밧줄이 끊어져서
떨어졌어요.

109쪽

예시 답안

✎ 말풍선 : 아이, 창피해. 옆으로 걷는다고
얕보았네.

✎ 제목 : 잘난 척하는 여우

111쪽

누가	무엇을 하였나요?
개미	더운 여름에도 열심히 일을 해서 겨울을 준비했어요.
베짱이	여름 내내 놀기만 하다가 추운 겨울이 되자 후회했어요.
글쓴이의 생각은 무엇인가요?	평소 부지런히 일해서 내일을 준비하자.

★ 위와 같은 뜻의 내용이면 모두 정답입니다.

112쪽

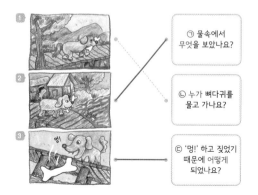

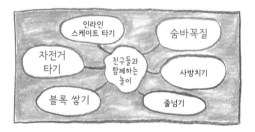

1

✎ 누구에게 : 개

✎ 어떤 일이 일어났나요? : 욕심을 부려서
뼈다귀를 놓쳤어요.

2

✎ 개가 뼈다귀를 물고 신나게 집으로 가고
있었습니다.

✎ 물속에서 뼈다귀를 물고 있는 개를
보았습니다.

✎ "멍" 하고 짖어서 뼈다귀를 놓치고
말았습니다.

113쪽

토끼는 한밤중에 낚시를 하는 돼지가
궁금했어요. 돼지는 달님을 따서 여우에게
주려고 했어요. 그 이유는 달을 따서 주면,
여우가 돼지에게 먹을 것을 많이 준다고
했기 때문이에요.

★ 이 외에 다른 내용도 주인공의 행동을 설명해
주면 답이 될 수 있습니다.

115쪽

★ 이 외에 다른 놀이를 써도 됩니다.

놀이 이름	숨바꼭질
놀이 방법	1. 가위, 바위, 보를 해서 술래를 정한다.
	2. 진 사람이 술래가 되고 이긴 사람이 숨는다.
놀이 장소	놀이터, 집 안
재미있는 점	1. 술래가 되어서 친구를 찾는 과정이 재미있다.
	2. 숨는 장소가 엉뚱해서 놀란다.

116쪽

💡예시 답안

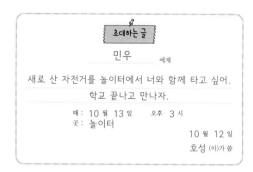

★ 이 외에 다양한 초대장을 쓸 수 있습니다.

💡 예시 답안

> 보름이는 인사를 참 잘해요.
> 정호는 달리기를 잘해요.
> 현수는 쓰레기를 잘 주워요. 그래서 선생님께 칭찬도 받았어요.
> 상민이는 친구를 잘 도와주어요.
> 정수는 아주 고운 목소리로 노래를 잘해요.
> 현우는 손을 깨끗이 잘 씻어요.

★ 이 외에 친구의 좋은 점을 다양하게 쓸 수 있습니다.

> 발표왕   상
>
> 이름 : 박진우
>
> 위 어린이는 평소 큰 소리로 발표를 잘합니다.
> 진우는 자신의 생각을 수업 시간에
> 또렷하고 큰 소리로 발표를 잘합니다.
> 그래서 이 상을 주어 칭찬합니다.
>
>   8 월 7 일
>   주는 사람 김호성

★ 이 외에 다양한 상장을 쓸 수 있습니다.